LES PLANS D'EAU

LES LACS

Un livre de la collection Les racines de Crabtree

DOUGLAS BENDER

CRABTREE
Publishing Company
www.crabtreebooks.com

Soutien de l'école à la maison pour les parents, les gardiens et les enseignants

Ce livre aide les enfants à se développer grâce à la pratique de la lecture. Voici quelques exemples de questions pour aider le lecteur ou la lectrice à développer ses capacités de compréhension. Les suggestions de réponses sont indiquées en rouge.

Avant la lecture

- De quoi ce livre parle-t-il?
  - *Je pense que ce livre parle de la façon dont les lacs sont faits.*
  - *Je pense que ce livre parle des lacs et explique à quoi ils ressemblent.*
- Qu'est-ce que je veux apprendre sur ce sujet?
  - *Je veux savoir quels animaux vivent dans les lacs.*
  - *Je veux apprendre comment sont faits les lacs.*

Pendant la lecture

- Je me demande pourquoi...
  - *Je me demande pourquoi des poissons vivent dans les lacs.*
  - *Je me demande pourquoi des trous sont formés dans le sol.*
- Qu'est-ce que j'ai appris jusqu'à présent?
  - *J'ai appris qu'on peut nager dans les lacs.*
  - *J'ai appris que des plantes et des animaux vivent dans les lacs et autour des lacs.*

Après la lecture

- Nomme quelques détails que tu as retenus.
  - *J'ai appris que les lacs peuvent être grands ou petits.*
  - *J'ai appris que les lacs sont entourés de terre.*
- Lis le livre à nouveau et cherche les mots de vocabulaire.
  - *Je vois le mot* ***trous*** *à la page 4 et le mot* ***rives*** *à la page 12. Les autres mots de vocabulaire se trouvent à la page 14.*

Ceci est un **lac**.

Les lacs sont faits de grands **trous**.

Tu peux voir des poissons dans les lacs.

Tu peux voir des **plantes** dans les lacs.

On peut **nager**
dans les lacs.

Tous les lacs ont des **rives**.

Liste de mots

Mots courants

ceci
dans
de
est
faits
grands
ont
peux
poissons
sont
tous
tu
un
voir

La boîte à mots

lac

nager

plantes

rives

trous

39 mots

Ceci est un **lac**.

Les lacs sont faits de grands **trous**.

Tu peux voir des poissons dans les lacs.

Tu peux voir des **plantes** dans les lacs.

On peut **nager** dans les lacs.

Tous les lacs ont des **rives**.

CRABTREE Publishing Company

Auteur : Douglas Bender
Conception : Rhea Wallace
Développement de la série : James Earley
Correctrice : Janine Deschenes
Conseils pédagogiques : Marie Lemke M.Ed.
Traduction : Annie Evearts
Coordinatrice à l'impression : Katherine Berti
Références photographiques : Shutterstock : digidreamgrafix : couverture ; Songquan Deng : p. 1; Elena Elisseeva : p. 3, 14; a4ndreas : p. 4-5; evronphoto : p. 6; LianeM : p. 9, 14; ZsoltBiczo : p. 11, 14; Alex Stemmer : p. 13, 14

LES PLANS D'EAU

LES LACS

Crabtree Publishing Company

www.crabtreebooks.com 1-800-387-7650

Publié aux États-Unis
Crabtree Publishing
347 Fifth Avenue
Suite 1402-145
New York, NY, 10016

Publié au Canada
Crabtree Publishing
616 Welland Ave.
St. Catharines, Ontario
L2M 5V6

Imprimé au Canada/082021/CPC

Catalogage avant publication de Bibliothèque et Archives Canada

Titre: Les lacs / Douglas Bender ; texte français d'Annie Evearts.
Autres titres: Lakes. Français.
Noms: Bender, Douglas, auteur.
Description: Mention de collection: Les plans d'eau | Les racines de Crabtree | Traduction de : Lakes. | Comprend un index.
Identifiants: Canadiana (livre imprimé) 20210261870 | Canadiana (livre numérique) 20210261897 | ISBN 9781039603882 (couverture souple) | ISBN 9781039603943 (HTML) | ISBN 9781039604001 (EPUB) | ISBN 9781039604063 (livre numérique avec narration)
Vedettes-matière: RVM: Lacs—Ouvrages pour la jeunesse. | RVMGF: Documents pour la jeunesse.
Classification: LCC GB1603.8 .B4614 2022 | CDD j551.48/2—dc23